AF562896

LES OMBRES
D'ALEXANDRE PREMIER,
EMPEREUR DE TOUTES LES RUSSIES,

ET DU PRINCE

DE TALLEYRAND,
CI-DEVANT ÉVÊQUE D'AUTUN,

MISES EN SCÈNE RELATIVEMENT AUX ÉVÉNEMENS POLITIQUES SURGIS DE 1814 à 1838;

OU

L'un des dialogues des morts extrait d'un ouvrage inédit, (qui formera 4 vol. in-8°), ayant pour titre : L'ANTI-OPTIMISTE, OU LE VÉRITABLE ESPRIT DE L'HISTOIRE DE FRANCE, DE 1814 A 1838.

PRÉCÉDÉ D'UNE INTRODUCTION.

PAR P. LESUEUR-DESTOURETS,
(de la Seine-Inférieure)

Auteur de l'éloge académique de Grétry, du Spectateur européen, de la Revue Politique et religieuse en 1827, de l'Ermite des Pays-Bas et de diverses autres productions littéraires.

Ambitio perdidit hominem!.....
Les hommes se perdent par l'ambition!......

Prix : 50 cent.

PARIS.

CHEZ L'AUTEUR, RUE PLUMET SAINT-GERMAIN, 15,
ET CHEZ ÉBRARD, RUE DES MATHURINS-ST.-JACQUES, 24.

1838

IMPRIMERIE DE MOQUET ET COMP.,
rue de la Harpe, 90.

INTRODUCTION.

Le ci-devant évêque d'Autun, prince *de Talleyrand*, fut un de ces personnages extraordinaires par leur singulier caractère, qui, sans vertus, sans une profondeur et une étendue de génie, qui ne se remarquent que dans les grands hommes, remplirent, sur la grande scène politique, un rôle secondaire assez important pour que l'attention publique ait daigné s'en occuper. Elle s'est plus particulièrement fixée sur ce personnage ; quand l'abjuration du *scepticisme* et de l'*apostasie* de celui-ci, qui sont *les principales circonstances mystiques* de sa mort, vinrent la réveiller de *l'espèce d'assoupissement* (précurseur du dédain) où elle était tombée ; elle est disposée à se saisir avidement des principaux traits historiques concernant ce même personnage ; elle attend, avec impatience, qu'ils lui soient soumis par une plume véridique. La nôtre s'est imposé cette difficile tâche. Stimulée par des sentiments généreux et libéraux, elle a tracé le dialogue qui suit : Il est un précis historique des événemens politiques de 1814 à 1838, dans lesquels l'Empereur ALEXANDRE Ier et le prince DE TALLEYRAND intervinrent comme acteurs de premier ordre.

Il nous semble (si notre amour-propre ne nous abuse pas) que ces deux acteurs ne laissent rien à désirer sur *l'esprit de l'histoire*, que nous avons voulu offrir au public, par l'ouvrage inédit, indiqué au titre de cet opuscule.

Comme les autres acteurs que nous avons mis en scène, ils rendent un fidèle compte de leurs actions, et se montrent tels qu'ils furent réellement. Nous avons fait tous nos efforts pour que le drame historique, que nous avons composé, fût instructif, intéressant et amusant tout à la fois. Avons-nous atteint le triple but que nous nous sommes proposé? C'est ce que le public décidera dans sa sagesse et son impartialité.

C'est d'après une bien triste expérience, que nous avons faite dans la connaissance des hommes et des choses, que nous avons déposé le glaive que nous confia la patrie, pour nous permettre de faire usage du burin de *Clio*. Nous reçûmes les inspirations de cette Déesse de l'histoire, quand nous subissions un honorable exil politique qui a duré *seize ans*. Nos pénibles veilles furent consacrées à des travaux historiques, dont beaucoup de fragmens ont été publiés, en Belgique, dans *le Spectateur européen*, *la Revue politique et religieuse de* 1827, *l'Ermite des Pays-bas, etc.*

Et nous aussi, nous avons été acteur politique; mais *le plus pur patriotisme* nous mit en scène. Aussi, y fûmes-nous la malheureuse victime des coupables ambitions, de l'égoïsme, des crimes et des vices, qui y prévalurent sur les vertus et les bonnes intentions. Quelle que fût l'amertume de nos souvenirs, elle ne pouvait en rien influer sur nos louables principes comme historien; principes qui eurent toujours pour objet de contribuer, autant qu'il était en nous, au triomphe de l'auguste vérité, de la Liberté et de la Justice....

Paris, le 5 juillet 1838.

LESUEUR-DESTOURETS.

DIALOGUE DES MORTS.

LES OMBRES
D'ALEXANDRE PREMIER,

EMPEREUR DE TOUTES LES RUSSIES,

ET

DU PRINCE DE TALLEYRAND,

CI-DEVANT ÉVÊQUE D'AUTUN,

Dissertant sur les événemens de la scène politique où ces deux personnages ont figuré, comme principaux acteurs, particulièrement depuis 1814 jusqu'en 1838, époque de la mort du dernier.

L'OMBRE D'ALEXANDRE PREMIER.

C'est bien votre ombre que je vois, M. de Talleyrand ; je ne me trompe pas. Vous apparaissez enfin dans l'Empire des morts, où je vous attendais pour renouer les conférences politiques que nous commençâmes en 1814, lorsque vous me donnâtes magnifiquement l'hospitalité à votre hôtel *St-Florentin*. Toute votre habileté diplomatique ne pouvait parer les coups de la faulx de la cruelle mort, qui moissonne sans pitié, les puissants comme les faibles humains sans aucune distinction. Votre vie avait atteint le terme de celle d'un patriarche. Vous ne pourriez pas la regretter, si elle avait été vertueuse et édifiante pour le monde, que vous avez quitté, dit-on, tout récemment, non pas en *Sceptique*, comme vous le fûtes pendant les diverses phases de la révolution française de 1789, mais *en véritable capucin*, qui nourrit, par des momeries les plus puériles, ses espérances d'une manière *toute séraphique*. Vous serez *béatifié* par tous les prêtres, vos anciens confrères; je n'en doute nullement; leurs prédécesseurs ont fait, *par leur seule autorité*, *une infinité de saints*, qui ne vous valaient pas, parce que j'en pourrais citer qui furent des criminels barbares, d'atroces brigands, des luxurieux cyniques, sous la couronne, la tiare et la mître.

Le bruit de votre mort a retenti jusqu'en ces sombres lieux; il a dû être bien intense à Paris, la capitale de cette belle France, qui fut le principal théâtre des grands événemens survenus sur *le petit globe terraqué*, que l'on aperçoit, de la planète de *Saturne*, en forme de boule, de la grosseur d'un boulet de quarante-huit, où s'agitent diversement des animaux, appelés *hommes*, que l'on ne ne peut distinguer, à l'aide des meilleurs microscopes, que comme on distingue des *Cirons* à l'œil nu. Je dois avouer, à ma honte, que, quand je vivais parmi ces *Cirons humains*, je partageai leur orgueil, leur vanité et leurs autres mauvaises passions; parce que j'étais un de leurs chefs, je me croyais d'une nature supérieure à la leur; en subissant la funeste influence du pernicieux exemple de *mes confrères couronnés*, je m'enivrais des vaines illusions du pouvoir souverain, illusions qui me firent accepter le ridicule rôle de moderne AGAMEMNON d'une coalition impie. Je lui donne justement cette épithète ; son objet n'avait rien de généreux ; il était, au contraire, *mesquin*, comme ayant été conçu par de petits esprits, aussi ambitieux qu'envieux ; sous l'apparent prétexte de comprimer l'ambition que nous reprochions à NAPOLÉON, à ce digne enfant de la GLOIRE, nos intentions coupables et secrètes étaient de resserrer, autant que possible, les anneaux de la chaîne des *bons vieux temps* d'esclavage, que nous eûmes la fourberie de dorer, avec tant d'adresse, par les phrases astucieuses de nos proclamations, qu'il semblait que nous offrions la *liberté* aux malheureux peuples, toujours dupes du charlatanisme effronté du despotisme. La liberté ! Qu'elle est sainte et sacrée, cette liberté !... Je la comprends, maintenant que je ne suis plus sur un trône despotique, d'où mon père, PAUL Ier, fut précipité, dans l'empire ténébreux où nous sommes, par un assassin, et d'où je suis descendu par une mort prématurée, dont les circonstances sont enveloppées de mystères, sur lesquels je garde le silence, et que l'histoire éclaircira pour la postérité.

J'éprouve qu'une ombre est aussi curieuse que l'est une femme, à qui l'instinct féminin n'a pas manqué... Veuillez bien répondre catégoriquement aux questions que je vais vous faire.

LA SAINTE-ALLIANCE, dont je fus le créateur, existe-t-elle toujours telle que je l'ai fondée, en recevant les inspirations mystiques de la GRUDNER ?

Quels sont les principaux événemens surgis postérieurement à ma mort jusqu'à la vôtre?

Je voudrais que vous fissiez précéder vos réponses, à ces deux questions, d'une narration très-succincte des causes réelles qui produisirent la chute du bel et redoutable Empire de NAPOLÉON, qui avait, je le confesse à présent, le génie et le patriotisme pour principales colonnes. Je voudrais aussi que vous pussiez mieux me persuader que vous ne l'avez fait, (si c'est au pouvoir de votre éloquence) du rétablissement de la gothique dynastie des BOURBONS; (pour l'unique intérêt desquels nous n'aurions jamais tiré le glaive, quelles qu'eussent été leurs basses intrigues) rétablissement que la morne stupeur de la majeure partie du peuple français a désapprouvé assez énergiquement en 1814 et en 1815. Ce grand peuple n'avait pas certainement tort de les mépriser et de les craindre, puisque nous les méprisions intérieurement comme des lâches, qui, dévorés du désir immodéré de posséder un sceptre, n'osèrent, pendant vingt-cinq ans, le conquérir en braves, ainsi que l'aurait fait, dans leur situation, le moins vaillant de mes cosaques......

L'OMBRE DU PRINCE DE TALLEYRAND.

Vive l'empire des morts pour métamorphoser complètement les gens!... Vous n'êtes plus semblable à ce que vous étiez quand vous viviez, et moi je me sens déjà tout autre que j'étais. Oh ! qu'il serait glorieux et honorable de mourir, quand même le suprême créateur n'aurait eu, en établissant les lois créatrices et destructives de la nature, que le divin motif de faire aimer l'auguste vérité, d'intimider, une bonne fois, les fourbes, en prononçant le nom sacré de cette fille du ciel, et d'établir, de plus en plus, sa bénigne puissance !.... Je m'applaudis que ma dépouille mortelle ait succombé à la vue de l'effroyable Déssse, qui s'offrait à mon imagination, (enflammée par les remords de ma conscience) sous la forme la plus hideuse comme la plus terrible. Je ne pouvais plus supporter le poids accablant de la vie, à laquelle les âmes vulgaires sont trop attachées, et qui n'est réellement qu'une péripétie d'anxiétés, qu'un voyage où l'on éprouve, plus ou moins, toutes les misères humaines, quelles que soient les grandeurs mondaines dont un mortel puisse jouir. Je vais vous surprendre beaucoup en vous disant qu'il ne peut y avoir que *la vérité* et *la vertu* de réelles dans le monde d'où nous sortons, et que tout ce qui n'est pas cette vérité et cette vertu est chimérique ou illusoire. J'en suis frappé très vivement depuis le peu de temps que je suis chez les morts; je n'ai pourtant point bu de l'eau du fleuve *Léthé* pour régénérer mon âme; mais celle-ci a reçu les secours d'une religion, que j'avais apostasiée bien scandaleusement. Les prêtres, mes anciens confrères, ne désespérèrent jamais de ma conversion, quelque *rénégat endurci* que je leur parusse dans l'origine. Leur charité de *convertisseurs* l'emporta sur leur intolérance, et ils m'ouvrirent *le trésor des grâces célestes* avec une facilité digne de leur haine implacable contre les philosophes, qui ont fait disparaître la barbarie, l'ignorance, la superstition et le fanatisme des *bons vieux temps*. Oh ! que ces prêtres représentent bien les apôtres, qui étaient des *ingénus* dans l'exercice du sacerdoce, qui est devenu, dans des mains habiles, une arme formidable !..... La Divinité devrait leur permettre de faire des miracles ; ils les exploiteraient, ainsi qu'ils l'ont fait, en tous temps et en tous lieux pour établir leur domination et leur influence.

Pardonnez-moi ce petit préliminaire, qui m'a paru nécessaire pour vous préparer à vous faire entendre un langage véridique, dont je ne me servais, lorsque je vivais, qu'avec une extrême réserve diplomatique, et que je remplaçais, habituellement, par une dissimulation calculée. Je ne ferai point de réticences, même en ce qui me concerne personnellement. Il faut que ceux qui n'ont pu me pénétrer dans mes relations avec eux, sachent finalement quel homme j'étais et puissent me juger.

Puisque vous voulez que je disserte, préalablement à ma réponse à vos deux questions, sur la chute de l'Empire de Napoléon et sur le rétablissement de la dynastie des Bourbons, je vais vous satisfaire.

C'est moins cette inconstante et capricieuse Déesse, appelée Fortune, qui a trahi Napoléon, que les sybarites éhontés, les partis animés par une aussi coupable qu'ardente ambition, et ces froids égoïstes, que l'on a vus et que l'on verra toujours immoler impitoyablement, au Dieu *Plutus* et à de vains honneurs, ce qu'il y a de plus sacré et de plus respectable. Ces espèces d'hommes, que l'auteur de la nature a, dans sa colère contre le genre humain, formés de fange, surgissent naturellement des bouleversemens de l'ordre social établi; ils se placent, par leurs basses intrigues, à la superficie afin de parvenir plus facilement aux sommités; ils s'attachent à rompre l'harmonie qui existe dans les classes vertueuses et honnêtes, parce que cette harmonie est un obstacle au succès qu'ils se promettent et qu'ils obtiennent malheureusement. Le trouble moral qu'ils causent peut se représenter, à l'imagination, par celui d'un liquide quand la lie a été remuée dans le tonneau qui le contient.

Le Républicanisme et la Légitimité royale se disputaient, à outrance, la succession d'un Empire fondé par un grand homme; ils combattirent avec leurs bannières respectives, et les traîtres, les Caméléons, en sortirent indistinctement, comme les soldats de Cadmus, quand celui-ci eut frappé la terre de son pied. Un nombre considérable de personnages marquants et moi, marchâmes les premiers dans la voie ignominieuse où nous voulûmes placer le pouvoir pour nous le rendre dépendant et l'exploiter à notre avantage.

La lassitude de la guerre, toute glorieuse et profitable qu'elle avait été à la France, la dépravation des mœurs, qui paralysait les efforts du patriotisme pour que cette guerre se nationalisât, la corruption, les divisions intestines, la tiédeur des citoyens, la stupeur agissant sur les âmes timorées, l'inconstance, la légèreté et la frivolité françaises, tous ces élémens de dissolution d'une société politique devaient nécessairement produire le déplorable résultat qu'ils ont produit. Mes *acolytes* et moi (j'étais particulièrement secondé, lors de ma coopération aux deux gouvernemens provisoires de 1814 et de 1815, par *deux abbés*, qui m'avaient servi de diacres à la célébration que je fis, au Champ-de-Mars, de la Messe de la première fédération) avions pris la criminelle résolution de diriger ce déplorable résultat, après avoir été assez coupables pour le combiner dans nos tripots infernaux de coterie.

Ceci vous explique comment nous avons abandonné Napoléon à lui-même, quoiqu'il nous eût comblés d'honneurs et de richesses. Nous ne fûmes pas positivement des *traîtres*; on aurait dû reconnaître que nous donnâmes seulement une nouvelle preuve *d'habileté machiavélique*, en laissant tomber l'idole colossale, que nous avions encensée par nos plates et corruptrices adulations; idole que nous ne pouvions plus soutenir sans nous exposer au péril imminent d'en être écrasés.

La Vérité, la Vertu, la Liberté et la Justice, sont les bases naturelles des sociétés humaines; celle-ci ne peuvent être durables quand elles n'ont que la seule force physique pour soutien. Cette force est, surtout, bien impuissante lorsqu'une corruption systématique travaille les cœurs. La nécessité de la régénération de l'espèce humaine se fait désirer de plus en plus par les philantropes ; un Dieu suffirait à peine pour l'opérer ; NAPOLÉON n'était pas ce Dieu ; son génie et son patriotisme ne purent suppléer à cette essence divine qui lui manquait afin de rétablir, au sein d'une grande nation, l'empire de la morale et des bonnes mœurs, sans lesquelles rien d'utile ne peut se consolider.

Mais si NAPOLÉON n'a pu réaliser cette grande œuvra, les BOURBONS le pouvaient encore moins, m'objecterez-vous ? Votre objection est parfaitement logique. Aucun argument ne pourrait la détruire, parce qu'elle est encore essentiellement vraie. Mais il ne s'agissait pas, relativement à notre coterie, de faire de ces *Bourbons, des régénérateurs*, puisqu'ils avaient besoin eux-mêmes d'être *régénérés*. Nous voulûmes seulement qu'ils nous servissent de *plastrons* contre la violence des mauvaises passions du jour, que nous avions provoquées, et qui déchiraient le sein de la patrie. Ils devinrent nos dupes, sans qu'ils s'en doutassent ; notre perversité triompha, mais elle n'échappa pas aux yeux clairvoyants, quelque soin que nous prîmes de nous couvrir du masque (devenu transparent) de la hideuse hypocrisie. Cette abominable combinaison politique, qui nous fit momentanément les régulateurs de la destinée d'une grande nation, constate suffisamment notre infamie, et nous fûmes bientôt stygmatisés comme nous le méritions, par l'opinion publique, qui sait bien déjouer les sacriléges projets enfantés par des pervers.....

Vous savez maintenant, pourquoi j'insistai vivement sur la restauration des BOURBONS ; je vous trompais impudemment quand je vous disais qu'ils étaient désirés. Sur trente-deux millions de Français, il y en avait la plus forte fraction, composant la génération d'un quart de siècle, auxquels ils étaient inconnus; la majorité, que l'on peut porter aux trois quarts au moins de la population , les repoussait comme les *fléaux* de la France, qui la tourmentèrent horriblement et l'affligèrent, pendant vingt-cinq ans, de toutes les calamités imaginables. Une voix unanime s'élevait de la portion de cette population, pour s'indigner énergiquement contre ces parricides de la patrie, qui, aux accens douloureux de celle-ci, ne surent pas gémir et se repentir comme CORIOLAN. Ce fier Romain fut *grand* jusque dans ses coupables égaremens ; ses modernes imitateurs , toujours intriguant et conspirant, des pays étrangers, contre leur pays, furent *petits*, *petits*, *petits* !...

Mes artifices furent ceux qu'employèrent, dans tous les temps, les plus rusés et les plus fins courtisans ; ils vous subjuguèrent, et le malheureux sort de la France fut fixé ainsi qu'il l'a été. On doit en conclure que les courtisans feront toujours pencher la balance des rois, en faveur d'intérêts diamétralement opposés à celui supérieur des nations, tant que les premiers pourront facilement fasciner les yeux des derniers, dans la supposition même que ceux-ci seraient constamment doués de cœurs honnêtes et magnanimes..... Avis aux peuples!.....

J'arrive aux réponses que je dois faire à vos deux questions.

La Révolution de juillet 1830, qui s'est faite, en France, comme le *complément* de celle de 1789, devait porter un coup mortel à votre SAINTE-ALLIANCE; mais elle en a été préservée par *une politique de juste-milieu,* à l'adoption de laquelle j'ai beaucoup contribué. Il me serait difficile de vous faire une définition précise de cette politique, que l'arme acérée du ridicule a attaquée avec cette force irrésistible qu'elle a en France, quand on s'en sert avec la spirituelle ironie recommandée par HORACE. Cette même politique a parfaitement atteint son but, en modifiant la révolution de Juillet, qui détrôna CHARLES X, lequel avait succédé *dévotement* au légitime LOUIS XVIII, son frère; la liberté devait triompher toute radieuse, par cette révolution; il n'en est résulté *qu'un simple changement de personnel dans la royauté,* et le génie de celle-ci a habilement opposé une digue insurmontable à la démocratie, dont le débordement, favorisé par la maxime, remise en vigueur, de *la souveraineté du peuple*, (maxime impérissable), devenait dangereuse pour un pouvoir qui s'était *enté* sur *la Charte octroyée de* 1814, qu'il fit modifier, en huit jours, en *Charte-Vérité*. Deux voies étaient ouvertes à ce pouvoir; son origine populaire lui faisait un devoir de s'avancer dans la belle carrière qu'il était appelé à parcourir, de la manière honorable et généreuse indiquée par cette origine; le danger démocratique, qu'il craignait, ses sympathies secrètes, *le pauvre esprit de la défunte royauté*, quoique désappointé par une rude leçon, l'emportèrent vers *un ordre de choses bâtard*, qu'il crut le seul propre à le maintenir et à le conserver *avant tout*. Je lui conseillai et lui fis obtenir, comme ambassadeur à Londres, où il m'envoya *une paix à tout prix*. En laissant subir, à la France, l'humiliation des traités de 1814 et de 1815; en abandonnant les peuples qui voulurent, à l'exemple du peuple français, reconquérir leur liberté; en laissant périr *la nationalité* de l'héroïque Pologne, que votre frère, le tartare NICOLAS, a tyranniquement et barbarement détruite, au mépris de ces mêmes traités de 1814 et de 1815, et de l'humanité; en souffrant que l'Angleterre établît *un Roi-Préfet* en Belgique; en n'osant pas avoir le courage de faire relever les fortifications d'Huningue; en s'effaçant imperceptiblement, par *une humilité* que l'on pourrait appeler *évangélique*, devant les plus faibles gouvernemens, *le gouvernement des barricades ou de juillet*, devint *le bon ami* de tous les étrangers, voire même de votre SAINTE-ALLIANCE, qui finit par se modérer dans les sentimens hostiles qu'elle nourrissait contre lui, parce qu'elle aime, de prédilection, les gens prudemment pacifiques, tels que nous les montre, au théâtre, le personnage de SOSIE.

C'est au congrès de Vienne, où j'assistai en qualité d'ambassadeur de LOUIS XVIII, que je vis naître votre SAINTE-ALLIANCE, dont je me moquais secrètement. Alors, je me contentai de prendre acte de son principe, que l'on s'efforcera en vain de faire prévaloir sur celui primordial *de la souveraineté du peuple.* Je ne pus prévoir que, vingt ans après, je serais appelé à conclure un traité d'alliance contre ce principe subversif d'un bon ordre social, qui ne peut se comprendre avec l'autorité absolue, confiée à un homme, toujours faillible, quand il serait vertueux.

Par ce traité, j'ai terminé ma longue carrière diplomatique ; j'ose m'en enorgueillir comme d'un ouvrage digne *de mon bon génie*, et non *de mon mauvais* ; car j'eus constamment à ma disposition ces deux génies opposés. J'ai su faire taire les rivalités réciproques de la France et de l'Angleterre, en les alliant contre tout ce qui pourrait porter atteinte à leur actuelle situation politique respective ; j'ai puissamment contribué à y faire adhérer l'Espagne et le Portugal, qui jouissent, non pas sans troubles, du régime constitutionnel. On a donné à ce traité le titre de QUADRUPLE ALLIANCE. Ce serait, en le montrant comme le résultat de la meilleure de mes très-rares bonnes actions, si je pouvais retourner chez les vivans, que je réclamerais *la couronne diplomatique.* Les maximes de politique, sur lesquelles il est basé, ne périront pas, quelles que soient les fausses ou passionnées interprétations qu'on leur donne, et quelles que soient les vicissitudes ministérielles, qui produisent la mauvaise foi, l'absurdité et le mystère , dont les cabinets ont l'art funeste d'envelopper les discussions, quand ils croient qu'elles peuvent préjudicier à cet intérêt mesquin, appelé *dynastique*, qui, dans les Cours, domine jusqu'à *l'intérêt divin.*

Je ne vous fatiguerai pas d'une narration superflue d'événemens qui ne pourraient mériter votre attention par leur peu d'importance. D'ailleurs, je viens de les résumer selon vos désirs, et ils se trouvent tracés dans L'ANTI-OPTIMISTE, que l'auteur m'enverra, et dont je me propose de vous faire hommage.

Je me suis déjà peint tel que je fus ; quelques traits de pinceau, que je vais ajouter, donneront, à mon portrait, le vif coloris qui en fera une imitation parfaite de son original.

J'étais encore bien jeune quand la plus indomptable des ambitions vint flatter mon ardente imagination, par ses espérances dangereuses, ses prestiges séducteurs et ses jouissances empoisonnées ; elle me fit préférer à mon bréviaire le livre de MACHIAVEL, que je savais mieux par cœur que les prières et les cérémonies de la messe. Ce livre fit de moi, sous la soutane d'un lévite, d'un prêtre et d'un évêque, un diplomate de la trempe du fameux modèle qui m'était offert. On doit penser que je ne dus pas être plus scrupuleux que ce fameux modèle sur les moyens à employer pour parvenir. Aussi, considérais-je les hommes vulgaires, condamnés à être dupes et à servir d'instrumens aux ambitieux, et les révolutions des nations comme *un marche-pied* pour atteindre au pouvoir, aux grandeurs et aux richesses. Celle de 1789 a déterminé mon allure, à laquelle je donnai la couleur d'un patriotisme apparent, pour mieux tromper, et qui se caractérisa réellement par une profonde dissimulation, par la fausseté, par la fourberie, par la sécheresse du cœur, par l'immoralité, par la subtilité de l'esprit, qui, dans certaines occurrences, me fit recourir à l'imposture, par une perfidie inévitable. C'est avec cette allure que je m'avançai hardiment et effrontément, mais en dérobant ma marche, et l'environnant des plus épaisses ténèbres; j'arrivai par une route qui n'était frayée que pour moi seul et ceux qui pourront marcher sur mes traces, s'il surgit des hommes assez méprisables pour vouloir m'imiter.

Les bienfaiteurs de l'humanité, ceux qui soutiennent sa dignité et l'honorent par des vertus éminentes, par toutes les qualités du cœur et de l'esprit, ces rares privilégiés, que l'on désigne par le titre pompeux de HÉROS, ont une autre allure; leur énergie et leur courage (que je n'eus pas plus que leur modestie) la rendent plus éclatante, comme leurs pures et nobles intentions la revêtent de formes franches et gracieuses qui la font admirer généralement.

Je consens que NAPOLÉON (que son vaste génie a

placé irrévocablement sur le char de la GLOIRE) soit mis au nombre de ces Héros ; j'aurai la triste satisfaction, si c'en est une, d'être cité comme un ministre qui a singulièrement influé sur ses deux abdications, sur la série de vicissitudes politiques qui ont amené ce que j'appellerai *le dénoûment de* 1830, après avoir lutté *sourdement* contre l'ascendant de cet empereur, qui emportait les hommes et les choses à l'*apogée* de sa puissance morale et physique.

J'en conviens, je suis autant ingrat que coupable envers NAPOLÉON, à qui je donnai les plus mauvais conseils, surtout relativement à la mort du duc D'ENGHIEN, dont on l'a accusé avec autant de légèreté que de précipitation. On est naturellement superficiel en France ; on porte un jugement sans se donner la peine d'approfondir les causes qui y donnent matière..... Je n'en dis pas davantage ; l'historien impartial saura bien découvrir le véritable auteur de cette mort, que la clémence de NAPOLÉON ne put prévenir. Personne ne sait mieux que moi comment cette clémence fut trompée ; mais je me tais, et pour cause ! ..

J'ai été puni, de mon vivant, de ce que je veux nommer MES SCÉLÉRATESSES POLITIQUES, par le mépris public, et par l'affront que je reçus (sous mon costume de grand-chambellan de LOUIS XVIII, lors du convoi funèbre de ce roi) du gentilhomme MAUBREUIL, qui se vengea brutalement en m'appliquant le plus rude des soufflets que puisse distribuer une main vigoureuse.

Le bruit étourdissant qu'a fait la condamnation de Maubreuil, qui prétendait m'impliquer dans la violation du droit des gens qui l'a motivée, est parvenu jusqu'au pied de votre trône, en Russie..... Violemment attaqué, alors, je gardai le silence; j'étais fort par ma haute position; je me contentai de faire écraser le faible par *un mutisme forcé.* La plupart des puissants en usent de cette manière, et s'en trouvent très-bien. Dominé, comme je l'étais, par les principes outrés d'un *scepticisme* sans frein, pouvais-je hésiter à perdre l'agent dont je me servis, et dont je redoutais l'indiscrétion, quoique j'eusse pris toutes les précautions indiquées par la prudence diplomatique pour n'être pas compromis?... La vérité resta étouffée par mes intrigues; je crus triompher de son éloquente et terrible voix. Hélas! elle se fit entendre ultérieurement à ma conscience; j'en étais obsédé en rendant le dernier soupir.

Les turpitudes, qui ont précédé et suivi cette affaire, sont vraiment dégoûtantes; la plume, dont je me sers, serait souillée, s'il fallait que je les énonçasse ici; j'en rougis *comme ombre;* en perdant *ma chétive dépouille mortelle*, j'ai recouvré la pudeur, cette chaste sœur de l'honnêteté. L'histoire les reproduira, si elle juge qu'elle le peut en conciliant sa dignité. Je m'en flatte, j'ai parlé véridiquement..... Amen.

Je vous aï écouté avec l'attention la plus soutenue, M. DE TALLEYRAND ; vous m'avez indigné et édifié également. *Votre chétive dépouille mortelle* fut certainement bien coupable ; elle a été aussi vicieuse qu'elle pouvait l'être. J'oserai affirmer que le mal qu'elle a fait à l'humanité et à la France, ne s'oubliera pas plus qu'il sera difficile à réparer. Mais quel langage touchant m'a fait entendre votre ombre en discourant sur les vertus ! il m'a semblé la voir, revêtue de ses habits pontificaux, prêchant dans sa cathédrale d'Autun.... Quel malheur que vous n'ayez point pratiqué ces vertus pendant le cours de votre longue vie ! vous les auriez fait connaître avec ce charme irrésistible qui les fait aimer des cœurs honnêtes, et dont vous avez eu l'art sacerdotal de les embellir.

L'histoire traduira votre mémoire au tribunal suprême de la postérité ; moi je pousserai la générosité jusqu'à vous plaindre, après m'être expliqué sur votre compte comme je viens de le faire. La censure, la satire, les sentimens irritans, tout ce qui peut troubler le repos éternel chez les morts, ne vont pas aux Ombres. C'est bien le moins que celles-ci vivent en paix, quand, en général, leurs atômes ne manifestaient qu'ils étaient animés, SUR LA TERRE, qu'en se tourmentant et en se guerroyant avec une fureur insensée.

J'éprouve aussi des remords, M. DE TALLEYRAND, qui, pour être moins poignants que les vôtres, sont assez intenses pour mon âme, qui, sur le trône, était douée de quelque sensibilité et loyauté. Ma conduite, comme Empereur, n'est pas irréprochable; j'ai trahi l'amitié, que j'avais solennement jurée, et qui m'unissait à NAPOLÉON; j'ai été de mauvaise foi dans mes traités politiques avec lui; c'est moi qui, pour complaire au jaloux et implacable cabinet britannique contre NAPOLÉON et *la France*, ai provoqué la guerre de 1812, la plus désastreuse des guerres, par laquelle j'aurais succombé, si les élémens conjurés ne fussent pas venus, plus à-propos, à mon secours, que les guinées corruptrices de l'Angleterre.

Je m'abusai, et mes alliés aussi, sur ce que, dans les illusions de mon orgueil (qui était à *la solde* de l'Angleterre) je me figurais être une Victoire que cette Angleterre exploitait à son profit. Nous fûmes lâches, vains et petits jusqu'à nous coaliser, par des liens diaboliques, pour opprimer un seul homme, parce que nous ne pouvions pas nous élever jusqu'à cet homme; et quand il ne lui restait de ressources que dans son énergique et honorable caractère, dans son patriotisme et dans la valeur de son incomparable armée, nous lui opposions des masses énormes d'esclaves armés, auxquels la trahison et la corruption ouvrirent le passage en France, qu'ils ne franchirent pas sans terreurs paniques inouïes, que nous partagions.

NAPOLÉON fut un vainqueur magnanime; l'histoire ne cessera de l'attester à la postérité la plus reculée. Il honora le trône populaire sur lequel il monta; il donna un lustre à la royauté, qu'elle avait perdu par ses crimes, sa mollesse et sa décrépitude. Sa pureté ne se démentit pas en prenant et en quittant la pourpre. Que furent mes alliés et moi, comparativement à ce grand homme? De bien pitoyables souverains, des fanfarons, qui n'eurent pas les vertus les plus communes d'un homme vulgaire; des barbares, qui ne respectèrent pas le droit des gens et outragèrent l'humanité, en séparant cet empereur de sa famille pour lui faire subir l'atroce supplice de PROMÉTHÉE (1). Voilà comme l'his-

---

(1) NAPOLÉON n'était pas notre prisonnier, et nous n'avions pas le droit de le traiter comme tel. A l'exemple admirable de THÉMISTOCLE, il se confia en la loyauté de son plus redoutable ennemi, en lui demandant un asîle pour y vivre sous l'empire des lois du pays..... Quelle honte éternelle, pour l'Angleterre, est résultée de l'infernale perfidie de ses ministres, qui trompèrent, tyrannisèrent et firent mourir cet Empereur, en le faisant transporter sur l'aride et ardent rocher de *Sainte-Hélène*, où il expira dans la plus cruelle des agonies, après avoir éprouvé toutes les humiliations et toutes les amertumes!..... O, que *le Génie de la Tamise*, qui a conseillé un semblable attentat, s'est montré ignominieusement malfaisant et pervers! Quelles âmes de

toire nous traitera, en ajoutant ses anathèmes; je gémis et me repens bien sincèrement. C'est tout ce que je peux faire pour que l'on accorde, peut-être, de l'indulgence aux coupables erreurs, auxquelles je me suis laissé entraîner. Hélas! le meilleur cœur s'égare et se corrompt lorsqu'il est flatté par de vils courtisans. J'eusse conservé ma bonté et ma loyauté datives, si je fusse né parmi la foule des simples mortels.

En finissant, je me permettrai une réflexion philosophique sur les momeries puériles auxquelles les plus abominables criminels se soumirent, à l'heure de leur mort, dans la conviction superstitieuse qu'elles devaient effacer leurs crimes. Oh quelle illusion décevante que celle qui peut faire croire à un coupable qu'il a pu l'être impunément, parce qu'un Dieu essentiellement bon et miséricordieux lui pardonnera ses plus méchantes actions par l'effet de quelques mysticités, qui ne peuvent être de l'essence de la morale religieuse!... Il n'y a que l'erreur involontaire qui puisse se pardonner; vous en êtes convaincu vous-même; ce que vous dites être *les*

---

boue ce génie a dû enflammer pour qu'elles s'animassent par les plus mauvaises passions, qui avaient le plus odieux des agens dans sir HUDSON-LOWE!... Malheureuse humanité! efface, si tu le peux, le douloureux souvenir des monstres qui t'ont outragée et déshonorée! Le burin de l'histoire le perpétuera de siècles en siècles....

secours spirituels de vos anciens confrères, n'ont pu prévenir l'agonie des remords qui assiégent votre ombre, et n'empêcheront pas que vous soyez jugé aussi rigoureusement que vous le méritez. Pour obtenir, au tribunal suprême de la Divinité, un jugement favorable, il faut y justifier de ses bonnes œuvres, de ces œuvres qui nous rendent dignes de notre créateur et de l'humanité. C'est une dérision sacrilége que de prétendre pouvoir les remplacer par des pratiques plus ou moins raisonnables de dévotion, qui, quelle que puisse être la pureté de l'intention avec laquelle on s'y livre, sont toujours stériles pour la société, dont tous les membres sont frères, et à qui l'Évangile impose, d'après la loi naturelle, amour fraternel, secours mutuels, charité, sentimens et actions généreux. Les monstres, qui affligèrent, outragèrent et déshonorèrent *la pauvre espèce humaine*, ne seront jamais *les élus de Dieu*, eussent-ils été munis, en mourant, des indulgences et des absolutions des prêtres de toutes les religions de la terre. Les absurdités révoltantes sont frappées d'une moqueuse ironie par les philosophes de cette terre; dans l'empire des morts, on en fait une justice exemplaire; la raison, délivrée de préjugés et de superstitions, y foudroye les jongleries de toutes espèces et les jongleurs. Qu'en pensez-vous?

L'OMBRE DU PRINCE DE TALLEYRAND.

Je pense que la sagesse a parlé par l'organe de l'ombre de *votre défunte Majesté*. Si je n'en étais pas convaincu, la situation très critique où se trouve *ma pauvre âme* m'en convaincrait.

Je m'aperçois trop tard que les consolations et les espérances théologiques, qui s'achètent et se paient libéralement, sont plus séduisantes que réelles (1). J'y ai recouru, à l'exemple de ces esprits, qui, dans leurs désordres, se montrent *forts*, et en perdant comme moi tout-à-coup leur tranquillité imperturbable, finissent par embrasser une chimère pour s'éteindre dans le sommeil éternel. L'homme impur ne sait pas mourir comme un MARC-AURÈLE. Je me suis laissé ENCAPUCHONNER

---

(1) Le sacerdoce romain, qui s'est créé l'*intermédiaire indispensable* entre Dieu et l'homme, vend, sans honte et excessivement cher, ce que ce sacerdoce appelle *les secours spirituels d'une religion toute de charité*, dont son auteur ne soupçonna jamais qu'on pût avoir l'impudence de trafiquer comme d'une vile marchandise.... C'est, surtout, ceux qui se dirent et se disent *ses vicaires*, et qui affectèrent et affectent, par ces paroles : *servus servorum Dei*, cette humilité trompeuse, qu'ils auraient dû et devraient avoir réellement, qui firent et font encore le commerce le plus scandaleux de *ces secours spirituels*......

comme un enfant, pour la grande édification des habitués des salons aristocratiques-légitimistes de Paris. Ces habitués, fortifiés dans leur pieuse bienveillance, par l'assurance de mes anciens confrères, étaient et sont encore persuadés que *la béatitude* m'attendait. Laissez-les dans leur persuasion ; vous et moi savons à quoi nous en tenir.

Voulez-vous savoir ce qui a pu faire présumer que j'étais *un esprit aussi fort que mon cœur était vicieux ?* c'est que pendant la restauration, je fis *le petit Démocrite.* Je riais d'un rire moqueur, quand on me parlait sérieusement ; l'ironie débordait toujours dans le peu de paroles que je prononçais en style d'oracle ; mes bons mots ne se faisaient pas attendre ; ils étaient cités avec emphase ; on leur attribuait souvent un sens que je n'avais pas eu l'intention de leur donner ; tout cela entretenait mon humeur épigrammatique, et faisait taire la voix impérieuse de ma consience. Mais ses accens ont redoublé de véhémence, à mesure que mon moral s'affaiblissait. Oh ! qu'ils sont pénétrans !... La terreur qu'ils inspirent poursuit toujours ma pauvre âme ;..... Je ne puis plus parler..... Abandonnez-moi à ma destinée, et daignez agréer les hommages que je rends à votre ombre..... *Finis coronat opus !* . . . .

. . . .

Ici l'auteur doit suppléer au silence de l'ombre du prince de TALLEYRAND. L'état de *mutisme* où cette ombre fut subitement mise, vint de l'apparition de celle de NAPOLÉON, qui, dans le séjour de son apothéose, ayant été informée qu'il y aurait, en l'empire des morts, un récit de quelques scènes du drame politique dont cet empereur fut l'admirable héros, venait pour entendre ce récit. Sa présence renouvela le prodige qu'opérait la tête de MÉDUSE ; les ombres d'ALEXANDRE et de TALLEYRAND furent pétrifiées, comme l'eussent été leurs dépouilles mortelles, et comme, le seraient dans la réalité, tous les personnages encore vivans, qui trahirent la patrie, et payèrent les bienfaits de leur illustre bienfaiteur par la plus noire ingratitude, dont leur impudence perpétue le pénible souvenir.

L'ombre de NAPOLÉON, bonne et magnanime, comme le fut son enveloppe mortelle, plaignit le sort d'ALEXANDRE ; l'ombre de celui-ci reprit de l'assurance, reconnut ses torts, et essaya de se justifier le mieux qu'elle put. La réconciliation devenait très facile entre ces deux ombres, et elle se fit en présence des autres respectables ombres du ténébreux empire, qui en furent édifiées.

Mais quant à l'ombre du prince de TALLEYRAND, qui était immédiatement disparue, elle agit prudemment en se soustrayant à la vive indignation qu'exprima celle de NAPOLÉON. Les imprécations de cette dernière contre les misérables qui ressemblèrent ou imitèrent le prince de TALLEYRAND, furent ce qu'elles devaient être, pour appeler, sur ces misérables, toute l'animadversion de la postérité la plus reculée. ...

Telle est la conclusion que l'auteur a cru devoir donner à ce dialogue. Il laisse, au lecteur, le soin d'en tirer la morale qui en ressort nécessairement.

FIN.

www.ingramcontent.com/pod-product-compliance
Lightning Source LLC
LaVergne TN
LVHW020308230826
846091LV00006B/2594
9782012395367